Shayariel

Tränen des Ozeans

Tränen

des

Ozeans

Shayariel

und

Leana Müller

Bibliografische Information Der Deutschen Bibliothek:

Die Deutsche Bibliothek verzeichnet diese Publikation in der Deutschen Nationalbibliografie; detaillierte bibliografische Daten sind im Internet über <http://dnb.ddb.de> abrufbar.

ISBN-10: 3-8334-9047-0
ISBN-13: 978-3-8334-9047-7

1. Auflage 2007

© Shayariel, 2007

Herstellung und Verlag: Books on Demand
GmbH, Norderstedt

Fotografik: Uwe Höfig - www.hoefig-art.de -

www.shayariel.com

Die Idee zu diesem Gedichtband war ausgelöst durch einen heftigen Entwicklungssturm im Jahre 1999.
Ich erarbeitete ein Skript – alles war bereit für die Veröffentlichung.
Doch dann kam alles ganz anders ...

Alles ruhte – bis 2006. Da erst kam ich dazu, das Skript für eine Veröffentlichung zu überarbeiten.
Dieser Gedichtband beginnt mit einem Stück Aufarbeitung meiner frühen Geschichte.
Die ersten Werke erlauben einen zusammenfassenden Kurzüberblick über vergangene Zeiten, die für meine heutige Entwicklung von allergrößter Bedeutung sind.
Sie sind die Basis, der Ausgangspunkt, für alle weiteren schriftstellerischen Werke, die folgen (werden).

Eingefügt habe ich auch dichterische Werke meiner Tochter Leana, die im nahezu gleichen Alter Gedichte verfasst hat.

So unterschiedlich wir auch sein mögen, ich finde es spannend, wie sich Themen gewollt oder ungewollt über Generationen weitertragen.

Das zentrale Thema fast aller Gedichte ist die Suche nach dem Sinn unseres Seins und nach der LIEBE; die Liebe für einen Menschen, zu einem Menschen, zum Leben, zum Sein.
Eine Liebe voller Schmerz und Sehnsucht. Eine Liebe in Glückseligkeit gebunden.
Eine Liebe für meine Kinder und für das Leben schlechthin, und nicht zu vergessen und allerwichtigste, die Liebe zu sich selbst.

Eine Liebe, die sich schließlich in den Ozean des ewigen Seins ergießt.

HUNGERTOD

ein halbes Leben gelebt
irgendwo und irgendwie gestrandet
vorbei geschlichen an den häusern
der ewigen warm schimmernden Lichter
als bettlerin
durchs land geschlichen
die sinne immerzu betäubt

nix fühlen nix hören nix sehen

gierig gekrallt
nach allem, was
auch nur einen funken glück versprach
nur einen winzigen zipfel
erheischen
sofort verschlingen
weil glück etwas unerträgliches ist

mit messern sich
mühselig verstümmeln
beständig den dolch im gürtel
die pistole immer entsichert
stets bereit um das
kleine nackte erbärmliche
über-leben zu kämpfen

im dreck gekrochen
nach pisse gerochen
kein dach über'm kopf
nur das dunkle kalte himmelszelt,
dessen sterne ein wenig
hoffnung versprachen

fünf-gänge-menues
aus der mülltonne
und stets paranoid den
vermeintlichen feind im nacken

fleischlich fast schon wohl genährt
auch geistig gut gefüttert
dank der zeitungen,
die des nachts ein bisschen
wärme boten,
aber letztlich doch
früh
den seelischen hungertod
gestorben,

und das alles,
lange bevor die liebe kam!

Pssst!

Aus völlig unermesslichen
Türmen tropft
hernieder das Blut. Pssst!
Ich blase die Kerze aus,
damit du nicht
von Blindheit beschlagen wirst.
Die schier endlosen Wege
säumen die grünen Wiesen und Bäume;
schau nur ihr goldenes Licht,
auch sie geraten in
Vergessenheit. Pssst!
Ich lege mich schlafen
in der Finsternis.
Siehst du die Tränen?
Ich werde alt,
verliere mein runzliges Gesicht. Pssst!
Das Schweigen ist Gottes Omen
wohl bekommt's!
Der Wein schmeckt fad
nach Blut und Säure. Pssst!
Ich schließe das Fenster,
um im Gestank
zu ersticken.
Mein innerstes Zimmer
ist zur Mülldeponie geworden
einsam – abgelegen. Pssst!
Sommerschlussverkauf – Winterschlussverkauf
Ausverkauf der Sinne
Sonderangebote en masse,
Plastikliebe bei Woolworth. Pssst!

Nur 2,95 DM + 11% Märchensteuer.

UNREIFE LIEBE

Eine Blume.
Sie öffnet sich, sie schließt sich.
Eines Tages verendet sie,
geht sie zugrunde.

Eine Wolke. Erst winzig klein,
wächst sie an bis sie groß und schwarz ist.
Eines Tages wird sie sich
in lebensspendendes Wasser auflösen.

Ein Mensch.
Aus Vereinigung zweier Zellen gewachsen,
aus dem Nichts.
Eines Tages wird er
wieder ins Nichts zurückkehren.

Ein Feuer.
Glühend, verzehrend, zerstörend.
Plötzlich hört es auf,
es verendet,
weil es keine Nahrung mehr hat.

Die (unreife) Liebe.
Sie ist wie das Feuer:
dauert lange bis sie brennt,
versiegt schließlich ohne Nahrung.
Übrig bleibt eine Leere,
eine verdörrte Wüste.
Zurück bleibt nur
die süße, vergiftete Erinnerung.

Zurück
bleibt
ein Nichts.

ZWIEGETEILTE EINSAMKEIT

Eifriges Blättern, Suchen, Wühlen.
Ihr ahnt es vielleicht noch nicht,
aber ich kann es fühlen.

Ihr alle strebt auf mich zu,
aber ich will euch nicht,
will nur meine Ruh!

Ich mag euch alle,
sei es Junge,
sei es Mädel,
aber lieben
tu ich
nur mich
(und bin ich noch so fern von mir).

Ich lebe und denke,
nur für mich.
Ich strebe und lache,
nur für euch.

Zweiteilen,
das notwendige Übel,
es jedem Recht zu machen,
um am Ende
in Einsamkeit
zu versumpfen.

GEFÜHLE

Schleichende Hände,
kratzende Füße,
bellende Greifer,
rülpsende Katzen,
Durcheinander,
Wirrwarr!

Packende Hände,
blutgierige Hunde,
keifernde Fratzen,
wüstes Rennen,
blitzendes Licht.
Alles zu grell,
heftiges Flackern,
die Kerze,
sie tropft.

Welche Kerze?

Das Holz,
Gesichter,
fremde, bekannte,
alle lachen,
zeigen mit dem Finger auf mich,
es verzieht sich
das Gewitter.

Gesichter,
stumm,
und sie fragen,
stumm:
Wie kannst du nur?

Ja, genau,
wie konnte ich nur
ernsthaft daran glauben.

Ein Traum,
ein Spiel,

Fragen,
und: Fragen!

Nein,
keine Antwort,
will nicht mehr,
kann nicht mehr.

Oder doch?

GEDANKEN

Endlose Leiden erstrecken sich
vor meinen Augen.
Bilder unendlicher Fernen,
wie weit ist es noch?

Schritte,
immer mehr, immer lauter,
wie mein Herzklopfen,
nähern sich mir.

Wie lange noch,
wie lange muss ich noch warten?
Bald kommt er,
der Tod.

Unaufhörlich habe ich sein Wort im Ohr,
grauenvoll umhüllt mich dieser Ton,
ein silberner Schleier,
der mich zerfrisst.

Wer bin ich und wo komme ich her?
Nicht aus diesem Land,
nicht aus dieser Welt,
nicht Ich bin ich,
nein,
nicht von dort und bin ...

Die Seele löst sich
von meinem Körper,
ich schwebe zurück,
zu ihnen.
(M)Ein Körper,
er liegt tot am Boden.
Grauenvolles Gelächter erfüllt den Raum,
und dann,

Toten-Stille.

ABER

Es schneit.
Der Himmel weint,
gefrorene Tränen.
In mir ist alles kalt und leer,
ich möchte weinen,
aber ...

Ich bewege mich wie eine Marionette,
an seidenen Fäden,
gleich reißen sie,
ich weiß es,
aber ...

Ich falle hinab,
wie ein Stein.
Dabei möchte ich
leicht sein wie ein Vogel,
aber ...

Seine Hand!
Sie will mir helfen,
aber ...

Ich will zu ihm,
ein weiter Weg,
aber ...

Ich liebe dich,
aber ...

Die nachfolgenden Gedichte sind Werke meiner Tochter Leana.

Ich fand die Gedichte sehr bemerkenswert, vor allem unter dem Aspekt, dass sich gewisse Gedanken und Gefühle offenbar über die Generationen tragen.

Sie schrieb diese Gedichte zu einer Zeit, als sie nicht mehr daheim wohnte, das heißt, auf ganz eigenen Wegen unterwegs war.

Ihre Gedichte sind zur besseren Unterscheidbarkeit in Kursivschrift verfasst.

KENNST DU DAS GEFÜHL?

Kennst du das Gefühl allein zu sein?

Jeden Morgen, jeden Abend, jede Nacht...
Leute um dich rum zu haben

und doch alleine da zu stehen ... ?

Kennst du das Gefühl zu ersticken,
obwohl du an der freien Luft stehst ...?

zu ertrinken,
obwohl du auf dem Wasser liegst?

Kennst du das Gefühls
gegen eine Wand zu laufen,
obwohl du freie Bahn hast ...?

zu fallen,
obwohl du auf festem Boden stehst...?

zu sterben,
obwohl du lebend da stehst?

nicht weiter zu kommen,
obwohl du mit der Zeit gehst?

Kennst du das Gefühl zu leben,
obwohl du innerlich schon lange tot bist?

FÜR MICH

Für mich geht die Sonne morgens
unter
und niemals auf

Den Berg laufe ich runter
und niemals rauf

Alle Lichter sind erloschen
und ich höre auf zu hoffen

Für mich leuchten die Sterne
nur halb so hell
und ich finde meine Wege
nur halb so schnell

Ich weiß nicht was ich werden will ...
Ich lebe mein Leben alleine
und still.

FRÜHER

Ich will es halten ...
doch ich weiß, es ist schon
längst zu spät

Ich werde es überall suchen ...
doch nirgends finden können
denn Vergangenheit ist vergangen
und was vorbei ist, ist vorbei

Ich werd's in mir halten
doch für wie lange nur?

Denn in Wahrheit ist es doch
schon längst verloren.

THE REAL WORLD

Wie tötend sind die Menschen hier?

Wie tötend ist das, was ich immer mehr kapier'?

Wie tot muss man für dieses Leben sein?

– Traue nur dir selbst –
also für immer allein?

Wie kalt ist dieses Leben geworden?

Wie schnell ist diese Welt gestorben

egal ob Süden, Westen, Osten oder Norden

alles Gute getötet, alles Schöne verdorben

100 x

Ich hielt mein Leben in
den Händen als es starb

So wurde es besiegelt und
führte mich ins Grab

Diese Hölle hat begonnen
einfach so wird mir alles
genommen

In 100 Stücken zerfallend
spiegelt sich mein Leben wieder

Mit 100 neuen Schlägen
macht das Leben weiter nieder

In 100 Spiegeln zerbricht
mein Gesicht

auch nach 100 x Scheiße endet
es nicht

ZU KRASS

zu krass –
zu krass für dich

Ich registriere, überlege und
höre auf mich

Ich mach –
Ich warne nicht
Ich sehe, plane und töte dich

Hass mich –
probier es
es fällt dir nicht schwer

Hass mich ein wenig
Hass mich viel –
es geht bestimmt noch mehr

Für Hoffnungen ist es zu spät
Genau wie für eine Wiederkehr –

Stellung der Normalität

Geh diesen
oder irgendeinen anderen Weg –
Du hörst auf, wo du angefangen hast

Du belästigst nicht nur,
du fällst dir doch selber zur Last

Du schaffst es –
Du schaffst es fast

Siehst du mich?
Du siehst, was du sehen willst –
nur mich siehst du nicht.

VORBEI

Ich seh' mein Leben an mir
vorbeiziehen
Ich seh' mein Glück war nur
geliehen

Neue Steine in meinem Weg
egal wie, wo und wann ich
mich weiter beweg

Die Mauern vergrößern sich
lassen alles durch – außer mich

Der Regen fällt mal wieder
mehr
Das Leben fällt mal wieder
schwer

Vorbei mit Wegen – gemacht aus
Glück
Vorbei mit Wegen – ich gehe
zurück

WERKE OHNE TITEL

Sterbend vergehen deine Tage
Lebensbedrohlich ist deine Lage

Dein erbärmlicher Traum, der
die Wahrheit verdeckt
macht deine Illusion vom Leben
perfekt

Gratuliere,
du hast an alles gedacht
Kiloweise Haarspray und
Tonnen von Make-up
Nur deinen Verstand hast du leider nicht mitgebracht.

*

Glaube macht blind –
das hat diese Welt vergessen

Nach einem nicht auffindbaren
Gott
ist diese Welt besessen

hoffnungslose Träume hat man in
dieser Welt
Hoffnungslose Träume sind das
was uns zusammen hält
Träume und Wünsche die zu
nichts taugen

Wünsche und Ziele zerbrechen
vor meinen Augen

Worte die zuviel versprechen –
Versprechen die viel zu oft
brechen.

*

Jetzt ist die Zeit abzuschließen
um nicht mehr die toten
Blumen zu gießen

Jetzt ist die Zeit die Leere
zu erfassen
Heute bin ich zu tot zum Hassen

such die Tür in der Wand
überseh'n und unerkannt

Du verstehst es einfach nicht,
trotz der Lösung in der Hand

Zeit zu verlieren –
Zeit dahin zu vegetieren
Du siehst den Schmerz in
meinem Gesicht

Warum zum Teufel tötest
du mich?

*

Dieses Leben tut mir leid
und es wird sich nie ein
Sinn ergeben

Wann endet bloß diese Zeit?
Dies ist nicht mein
verdammtes Leben

Wo ist denn alles Glück?
und die verfluchte Liebe ... ?

Ich gehe einen Schritt
zurück
und kassiere noch mehr Hiebe

Jeden weiteren Tag
grab' ich weiter an meinem Grab.

*

Ich hab' weder deine Welt,
noch dich jemals benötigt
Dein Charakter wurde umgebracht
oder du hast ihn selbst getötet
Ich brech' dir deinen
Heiligenschein
und treibe dir den Teufel
ein
Deine Sonne hat sich schwarz
gefärbt
Und dein Gott hat sich zum
Teufel geschert
Die Luft, die du atmest
erstickt dich
Auf was auch immer du wartest,
erblickt nicht.

*

Dummheit –
sagt die Vernunft

Trost –
sagt der Stolz

Schwarz –
sagt die Zukunft

Und ich sage – was soll's?!

Nur mies drauf –
sagt die Depression

einfach gut drauf –
sagt die Manie

Schön so –
sagt die Halluzination

Weiter so –
sagt die Ironie

Schon wieder –
sagt das "nicht-noch-einmal"

Zufall –
sagt das Schicksal

Unerklärlich –
ist die Definition

Amok –
sagt die Aggression

Du bist einmalig begabt die Dinge zu verkacken –
Du bist einmalig –
ein einmaliger Spacken

Nach all der Zeit keine Besserung in Sicht
Egal wie nah –
zu weit für dich.

*

So wie der Sommerabendwind
verweht und so zerrissen
bleibt über nur das kleine Kind
mit Spaß, doch ohne Wissen

So wie im Herbst die Blätter
strahlen,
so fallen sie doch im Winter
nieder

Geflohen in Zeilen und ins
Malen,
kommt die Wahrheit doch
noch wieder

Auch wenn im Frühling Sonne kommt
so vergeht sie doch noch mit der Zeit
mit soviel Mühe ungekonnt
ist es doch lange schon so weit.

*

Wie herrlich scheint die Sonne nur,
über's weite Land?

Bringt Heiterkeit und Frühling pur
und es legt die Lösung in die Hand

So scheint der Himmel auch zu scheinen
in seinem satten Blau
Der Winter hört nun auf zu weinen
und beginnt mit seinem Tau

Nun singt für uns jedes Vögelein
auf dem noch kahlen Ast
Fliegt hoch zum wärmenden
Sonnenschein
so frei und ohne
Last

So dringen die ersten Blätter
hervor
ganz frisch, in jungem Grün
wachsen zu der Sonne empor
und die Welt beginnt zu blüh'n
kannst du auch den Frühling
spüren ...
... tief in dir drin?

Lass dich von dem Frühling
führen
und du erkennst den
Lebenssinn.

*

Abends fliegen die Schwalbenschwärme
im roten Sommerabendlicht
Ein Hauch von Wind bringt
Sommerwärme
Der letzte Strahl im Wasser
bricht

Ein Fünkchen Licht in weiter
Ferne
weit hinter dem Horizont
Schon erscheinen die ersten
Sterne
und bilden eine funkelnde
Front.

Die nachfolgenden Gedichte entstammen meiner Feder und sind zum größten Teil aus der Zeit um und bis 1999. Der Aufbau entspricht im Wesentlichen meinem damaligen Skript, welches ich zu veröffentlichen gedachte.

Es war keine einfache Zeit, und alle Gedichte beschreiben die Chronologie meiner damaligen Entwicklung. Das Hauptthema ist die LIEBE, denn ich hatte gerade eine Trennung hinter mir und stellte mir beständig die Frage, was zu lieben eigentlich bedeutet, wann mensch liebt und wann nicht, und ob sich ein Mensch finden lässt, der Liebe teilen kann, ohne von mir absurde Dinge zu fordern, bevor er "bereit" ist, Liebe zu schenken.

Ich suchte eine ganze Weile, und ich habe schließlich gefunden.

Hernach fand ich zu meiner großen Verwunderung keine Worte mehr, Liebe auszudrücken. Es scheint, Liebe lässt sich nur beschreiben, solange wir sie noch suchen. Ist sie gefunden, ist sie im wahrsten Sinne des Wortes unbeschreiblich.

Dieses Glück währet nun schon so viele Jahre, und ich wünsche allen, die danach suchen, auch sie mögen es finden!

DAS RAUMSCHIFF

Oft frage ich mich,
wo soll all dies nur hinführen?
Was einst so hoffnungsvoll begann
verschwand plötzlich
in den verlorenen Nebelbänken
göttlicher Geheimniskrämerei

Sinnlos im Irrlicht
vor sich hin tapsend
mal festen Schrittes
mal unsicheren Fußes
mal den Grund wahrnehmend
dann wieder wie auf Eisschollen
beständig rutschend
unsicher vor sich hin treibend
kein Land in Sicht
nur Nebel ewig erscheinender
Sinnlosigkeiten

Plötzlich landet ein Raumschiff direkt vor dir
du erkennst die bunten Positionslichter
verheißungsvoll
öffnet sich die Rampe
und lädt dich ein zuzusteigen
ängstlich zögernd
steigst du nun
vorsichtig auf diese Rampe
ein letzter Blick zurück
die Neugier ist stärker

die Rampe schließt sich wieder
das Raumschiff startet
schlingernd erhebt es sich
nimmt Kurs himmelwärts
rast davon ins Nirgendwo des endlosen Kosmos

und ich frage mich nur,
wo soll all dies nur hinführen?

SCHICKSAL

Verworren ist das leben der menschen
verworren ist auch das meine
auf's unendliche miteinander verwoben
verstrickt
und doch ein jeder ein universum für sich
unabhängig und frei

So sinnlos das streben
nach macht
nach geltung
nach liebe
und doch so sinnerfüllend
für einen winzigen augenblick
wie ein atom so
unwirklich wirklich
manifest
im ewigen atem der unendlichkeit
der äonen

Hinein sich gebend
in den orgasmus der hingabe
an sich selbst
verschwindend
in den ekstasen der höllen
mit den anderen gemeinsam erschaffen

wie ein schiff
schaukelnd
in dem ewigen meer
des lebendigen schicksals

Verworren ist das leben der menschen
verworren ist auch das meine
auf's unendliche miteinander verwoben
verstrickt
und doch ein jeder ein universum
für sich
unabhängig und frei

NICHTS ALS FRAGEN

Soll ich ein Lied komponieren,
um es zu singen?
Soll ich ein Gedicht schreiben,
um es vorzutragen?
Soll ich ein Märchen erzählen,
um das Unaussprechliche
Wirklichkeit werden zu lassen?
Sind virtuelle Welten
irreal?
Ist das wirkliche Leben
wirklich real?
Sind unsere Träume
nur Illusionen?
Sind unsere Ideen
nur Gedankenprojektionen?

Sind unsere Gefühle der Liebe
nur unsere Vorstellungen,
wie es wäre,
wenn wir lieben,
wenn wir geliebt werden?

Ist der Atem
die Energie, die uns leben lässt?
Ist das Herz
der Platz, wo die Liebe wächst?
Und wo ist die Seele,
die Unsterbliche?

Kommen wir
und
gehen wir
wirklich nur einmal?
Oder suchen wir immer
und immer wieder?

Was ist Karma?

Und hat wirklich
GOTT
all dies erschaffen?
Und wenn ja – wozu?

Sind die Sterne
wirklich Sonnen?
Oder sind es
vielleicht
andere Welten?

Ist das Universum
endlich
oder geht es unendlich weiter?

Ist das Leben
ein Chaos?
Oder ist das Chaos
eine Ordnung?

Fragen,

nichts als Fragen ...

SINN UND UNSINN DES SEINS

Wohin ich mich auch wende
was auch immer ich tue
oder auch lasse

wohin auch immer ich gehe
oder ob ich nun bleibe

was auch immer ich denke
oder auch fühle

ich frag mich immerzu:
„Was ist nur der Sinn all dessen?"

Ich frage,
ich frage leise,
ich frage laut,
ich schreie es ins Universum,
rufe es in die Berge,
aber die einzige Antwort,
die ich je bekam,

war mein Echo.

IN DER TIEFE

Hinabtauchen ins Dunkel
unirdischer Gewaltsamkeiten
so trunken vom Wahnsinn
der Ausweglosigkeiten,
dass sich das Leben
in unwirkliche Nebelschleier hüllt

Ein einziges Tappen
in diesem milchigen Licht
der Ahnungslosigkeit
im blinden Vertrauen,
dass irgendwo der Ausgang zu finden ist

Wo Licht ist
da ist auch Dunkel
wo Dunkel ist
da muss auch Licht sein ...

hätte, wäre, könnte, sollte, müsste
der verzweifelte Konjunktiv des Überlebens,
der wirkliches Leben nicht zulässt
und einen ins Meer
der Haltlosigkeit und des Vergessenwollens
abstürzen macht

Jammertal der Illusionen
ich irre hier umher
und der Weg geht tiefer und tiefer

aber ich bin mir ganz sicher:
irgendwo ist

Licht!

GEDANKEN UND GEFÜHLE

Gedanken
Gedankenleere
nichts denken

Gedankenkreisel
will sie halten
und merke:

ich halt ihn
den Gedanken

ich fühl ihn
den Gedanken

ich lass ihn los
den Gedanken

kann sie nicht halten
die Gedanken
und halte sie doch

Gefühle
Gefühlsleere
nichts fühlen
Gefühlschaos

will sie nicht haben
und merke:
ich hab es
das Gefühl

ich denke es
das Gefühl

ich lass es los
das Gefühl

will sie nicht haben
die Gefühle

und hab sie doch

ALLEINSEIN

Gib der Einsamkeit ihren Namen
den sie verdient

nimm fort das Übel
welches ihr inne zu wohnen scheint

sie ist nicht mehr
und nicht weniger
als Du,
du selbst,
denn du selbst
hast sie erschaffen

mit deiner Illusion von
Geliebtsein

mit deiner Phantasie von
Paarsein

genährt von deinen
unendlich starken hoffnungsfrohen Wünschen
einen Traum gemeinsam zu träumen.

ICH LIEB DICH

Sei der du bist
oder werd jemand anders

ich lieb Dich!

Ertrag es oder
ertrag's auch nicht
lauf weg oder bleib

ich lieb dich!

Flieg mit mir in den Wolken
gemeinsam
oder
versteck dich hinter Illusionen
einsam

ich lieb dich!

Ich lieb dich
ohne Ende
gnadenlos
in alle Ewigkeit

Ich lieb dich

oder
lieb ich nicht doch nur mich
in dir?

SEHNSUCHT

Ich suche
ich ver - suche
lausche auf die Liebeslieder in mir
ver - suche
die Liebeslieder in mir zu erlauschen

Ich sehne
ich er - sehne
suche die Liebe in mir
er - sehne
die Liebe in mir zu finden

Ich trinke
ich er - trinke
lasse mich von den wilden Wogen der Liebe wegtragen
er - trinke
in den wilden Wogen der Liebe

ich er - sehne
ich ver - suche
die Unendlichkeit des Nichts
das hinter allem steht

des All - Ein - Seins

die all - einige Liebe.

FALSCHE ZEIT, FALSCHER ORT

Ich bin, die ich bin
aber bin ich, die ich bin?
und wer und was und wo bist du?

Gestern noch sagtest du:
Sei, die du bist!
Ich liebe dich!

Heute sagst du:
Du bist so scheiße!
Ich lieb dich nicht mehr!

Ich bin immer (noch) dieselbe,
die ich war,
die ich bin,
die ich sein werde.

Vielleicht:
hattest du einfach nur die falsche Brille auf

Vielleicht:
hattest du gar nicht mich gesehen

Vielleicht:
ist es einfach besser, wenn du gehst

Vielleicht:
ist es einfach nur die falsche Zeit und der falsche Ort

DIE SEELE

Unlängst hab ich dich entdeckt,
gefunden,

ich weiß –
du spielst gern versteck
doch sah ich dich
hielt dich fest in meinen händen
nur einen winzigen augenblick
der anwuchs zu äonen

wie ein schillernder regenbogen
erstrahltest du in den unendlichen weiten
des universums
des unvergänglichen lichtes

so zart in meinen händen
so warm
so weich
so ungezähmt

so ließ ich dich wieder ziehen dann
durchflutet
durchströmt
von ewiger himmlischer liebe
die so bitterzart
schmeckt
so süß
so frei sich anfühlt
und so wild

ICH WILL DICH

So schaue ich denn in die Sterne
so weit weg
so klar der Himmel
so kalt
und doch:
so strahlend, so leuchtend, so hell

deine warmen Arme umfangen mich
sie halten mich
so warm, so fest
ein wunderschönes Gefühl von Geborgenheit
von Lust
von Leidenschaft

so schmelzen wir dahin
unter den Sternen
gefangen vom Wein der Liebe
und tauschen
unsere leidenschaftlichen Säfte
miteinander
verwoben mit dem Dunkel der Nacht
der Unendlichkeit der Sterne
so schmelzen wir dahin

bis Irgendwann
uns die Kälte der Nacht
gewahr wird
und wir uns langsam
beginnen voneinander zu lösen,
um endlich
Arm in Arm
der gegenwärtigen Wirklichkeit
entgegenzutaumeln
in der sicheren Gewissheit,
die da tief in uns schlummert
einander sagen zu müssen:

Ja, ich will dich!

FALLENLASSEN

Suchen, Finden

Gefunden Haben

Sich Anschauen

Sich Akzeptieren

Ich mich selbst

Du dich selbst

In Liebe zueinander finden

sich Vertrauen

Ich mir selbst

Du dir selbst

Einander Vertrauen

Mut haben

sich gehen zu lassen
zu sein, wer man gerade ist
sich sinken zu lassen
in Momente
scheinbar unvergänglicher Symbiosen

sich fallen zu lassen
und nur einen Moment
das seinige Leben
in die Hand des anderen zu geben

dort verweilen
für einen winzigen Augenblick nur
im Angesicht der Ewigkeit

um dann
zurückzukehren
in den Alltag
der Alltäglichkeiten

Du

So schmelz ich dahin
eins sein will ich mit dir
und sei's auch nur
einen Moment
ein winziger Augenblick
der im Meer der Ewigkeit
mit uns einsinkt.

deinen Namen kenne ich nicht
doch was bedeutet schon
ein Name?

verwoben
verworren
gefangen
in dunkler Helligkeit
im lichten Dunkel
im Blitz der Leidenschaft
und dann wieder –
langsam dahinsinkend
gebettet im Meer
unendlicher Liebe.

ein Teppich aus Rosen
breitet sich aus
wie das Stöhnen
der Unendlichkeit
des Universums.

und ich weiß es sicher:

Du bist es,
den ich begehr

Du bist es,
den ich will

Du bist es,
den ich mein leblang gesucht habe.

SCHNEE

der Himmel weint für dich
gefrorene Tränen.

weiß wie Puderzucker
sinken sie langsam herab
und bedecken das Land,
und hüllen es in einen kühlen weißen Mantel,
der sich sanft an die Erde schmiegt.

und wenn der Südwind kommt,
schaust du zu,
wie sich deine gefrorenen Tränen
langsam auflösen,
um der Erde das zu geben,
was sie am nötigsten braucht:

deine Tränen der Liebe.

TRÄNEN DER LIEBE

hab tränen vergossen
aus liebe für dich
nur gott weiß warum
ich weiß es nicht

tränen, die kommen
tränen, die gehn
tränen, die da sind
tränen, die ich nicht versteh

die tränen versiegen
die liebe bleibt
den kummer verloren
das herz, das schweigt

LÄCHELN

es schweigt das herz
doch nicht verschlossen
da war einst schmerz
sind tränen geflossen

es schweigt das herz
doch da ist auch liebe
breitet sich aus voll schmerz
ist schließlich geblieben

lächeln im gesicht
ein blick in die welt
sie lächelt zurück
das herz ist erhellt
erstrahlt letzten endes
in so hellem licht
dass selbst der schatten
das dunkel zerbricht

das lächeln ist still
und sanft wie ein wind
berührt die liebe
die seele

das leben beginnt

KUSS DER LIEBE

Ich habe sie alle geliebt
auf ihre Art
für ihre Art
ihre Wesen
ihre Seelen
habe sie gehütet
habe sie geküsst
habe sie liebkost
mit meiner wildesten Leidenschaft umtost
verworren
eingesponnen
in die Irre geleitet
in Liebe ins Labyrinth geführt
doch den Faden
hatte ich nie vergessen
so auch das Licht nicht

Ich ging wieder so fort
wie ich kam
ließ sie allein zurück
mit den Werkzeugen des Lebens –
Faden und Licht

ich ging –
mal mit Leichtigkeit
und mal in Leid
mal in Freude
und mal mit Tränen

doch war es stets
mein Kuss der Liebe
der ihnen die Tore wies
der ihnen wieder die Herzen öffnete
für ein neues Glück
in ihrem Leben –
ihrem Leben
nach mir.

DER IRRTUM

es war ein wunderschöner
warmer Sommertag
mitten im Wald
Vogelgezwitscher
das Summen der Bienen
auf dem nahe liegenden Feld
das Summen der Fliegen,
diesmal nicht so lästig wie sonst
eine angenehme Trägheit überall

den Grashalm im Mund
wandere ich so durch das Feld
dem Abend entgegen
dort sitzt dann

du

im Sonnenuntergang
an einen großen Stein gelehnt,
angeschmiegt wie eine Katze,
die sich im abendlichen Sonnenlicht wärmt,
die langsam versinkende Sonne
entrückt betrachtend
in ihrem wundersamen Farbenspiel
aller irdischen und unirdischen Rottöne,
bis schließlich der Abend Einzug hält
und mit ihm
die Sterne
und
der Mond
sich unseren Augen offenbaren

das Firmament wollten wir betrachten
des Nachts
den großen Wagen
und
den Nordstern bestaunen

den geheimnisvollen Delphin
wollt ich dir zeigen

doch du warst nicht da!

nur ein einsamer Wanderer
hielt mir mutig
seinen müden Arm hin
bereit
mit mir die süße Kurzweil zu teilen,
die Endlosigkeit des Universums
zu betrachten

doch nicht Ehrfurcht
vor dem Kosmos war es dann,
sondern ein unerwartetes
Flammenmeer wildester Leidenschaft
entzündete die Landschaft,
ließ den Schweiß
aus unseren Poren treiben,
als wäre es helllichter Tag,
die heiße Sonne
gnadenlos vom Himmel brennend

Leidenschaft
verblendete mir den
sonst so klaren Blick,

ließ mich stets

DICH

in diesem einsamen Wanderer sehen,
ohne dass ich wusste

und so glaubte ich denn
zu lieben
wie ich nie geliebt hatte zuvor
nicht wissend,
dass

DU

es warst,
den ich meinte
allenfalls ahnend,
tief in mir drin,
dass nicht sein konnte,
was da geschah

und so wanderten wir weiter
der einsame Wanderer
und ich
immer verzweifelter um
unsere Über-Leben
kämpfend
bis wir uns schließlich
die Dolche in die Herzen stießen,
als uns unser Irrtum
endlich
gewahr wurde.

LEBENSPFADE

Auf verschlungenen Pfaden
des Lebens
wandeln wir
nie wissend
wo und wann wir uns begegnen werden

sei es im Diesseits
sei es im Jenseits

vorbei an Dschungeln voll Gefahren
manchmal bewaffnet
bis an die Zähne,
um letztlich erkennen zu müssen,
dass nur die LIEBE
zum Leben
uns an die anderen Ufer trägt,
Gefahren überwinden lässt,
unsere Pfade so hell und strahlend erleuchtet,
dass wir sehen können

und bis ans Ende
unserer Tage
das ewige Licht des Lebens schenkt.

FÜR EINE UNBEKANNTE LIEBE

das Licht der Sonnen aller Sonnen
durchleuchtet das
kalte undurchdringbare Dunkel

der Mond aller Monde
des Universums
wirft Schatten wie gemalt
an die Wand
und verzehrt
das scheinbar unscheinbare Blau der Lilien,
die sich sanft im lauen Wind
des Nirgendwo wiegen,
während bunte Schmetterlinge
über dem
unendlichen Regenbogen
ihren munteren Frühlingstanz zelebrieren

Tränen, die das
ewige Eis zum Schmelzen bringen,
salzig,
nein, bittersüß
ihr Geschmack,
rinnen sie mir die Wangen runter,
doch es ist nicht Trauer,
die ich dabei fühle

es ist das Ächzen der Äonen,
das Weinen der richtungslosen Winde,
das sich seinen Weg bahnt
in die unendlichen Fernen,
wo ich dich nur erahnen kann

das wild prasselnde Feuer
einer ungestillten Leidenschaft
schmettert seinen Gesang
unirdischer Gesänge
hinaus

zu den
Sonnen und Monden und Sternen des
sich immer wieder selbst erschaffenden Kosmos

ein himmlisches Crescendo
ohrenbetäubend
gleich einem tosenden Sturm
bis es schließlich
leise,
immer leiser wird
allmählich verklingt
und sich eine göttliche Ruhe ausbreitet
und die Welt,
meine Welt,
wie in weiße, weiche Wattewölkchen
versinken lässt.

WARTEN

ich stehe hier
und warte
auf dich

ich weiß ganz sicher
du wirst wiederkommen

von Ferne haben
wir uns schon mal gesehen
unsere Lippen haben sich bewegt
und mit dem Wind
uns sanfte eindringliche
Liebesschwüre geflüstert,
sie jenseits des Meeres geschickt,
und schließlich

für ewig erscheinende Augenblicke
uns aus den Augen verloren

ich weiß
deine Pfade sind weit,
das Dickicht scheinbar undurchdringlich,
diese Pfade zu beschreiten
heißt Äonen brauchen –

doch du musst sie beschreiten,
deinem Schicksal folgen –
sie sind nicht unendlich ...

so stehe ich hier
und warte
auf dich
und ich weiß ganz sicher
du wirst wiederkommen

aber dann
wirst du
nicht mehr jenseits des Meeres sein,
sondern hier
bei mir.

STERNENSCHIFF
(ein Traum)

Merbu Ptoh – ich liebe dich, Ptah!

Welch seltsame Worte
aus dem Munde einer unweisen Schläferin
sich dahin wiegend
im ewigen Schlummer ungeträumter Träume.

Dort steht SIE nun
seit Äonen wartend
auf ihre ewige, unirdische Liebe
den Blick hoffnungsvoll gen Himmel gerichtet
des Tages verloren im ewigen Blau
des Himmels,
nur manchmal getrübt
von den weißen, vorüberziehenden Wolken
des Nachts
im Antlitz des unendlichen Universums
mit seinen schimmernden Sternen und Planeten
den immer wieder veränderten
Wechsel des Mondes
betrachtend

doch wie lange schon
ließ kein Sternenschiff sich sehen?

Gedankenverloren
in die Vergangenheit reisend –
wie war es dereinst?

Da war ER,
Herr der Welten,
Erschaffer des Universums,
dessen Gedanken das Wort,
dessen Wort die Welten
erschaffen ließ.

Du neigtest dich sanft zu mir, Geliebter
berührtest auf's Zärtlichste mein Haar

meine Haut
mein Gesicht
und küsstest meine Lippen zum Abschied.

Wie lange?

Die Wehmut dir ins Gesicht geschrieben,
und doch würdig und anmutig,
denn wir alle müssen unserem Schicksal folgen.

Nein, ich würde nicht weinen –
so gab ich dir mein Liebstes
meinen Delphin
und meinen Stern,
und ich bat dich, sie am Himmel zu befestigen.

Und so schaue ich den Delphin,
und so schaue ich die Plejaden,
werde ich deine süße Stimme
immer in mir wispern hören,
dich immer in mir spüren,
diese letzten Momente unserer Zweisamkeit erinnern,
so unvergänglich wie das Universum selbst,
und dein Antlitz wird
so nah und so real sein
in mir –
ich höre dich
ich sehe dich
ich fühle dich
ich rieche dich
ja, sogar schmecken tu ich dich

auf ewig verbunden

und ich stehe nun hier,
ich flüstere: Merbu Ptoh!
und ich weiß genau,
die Zeit des Wiedersehens ist nahe
wo wir uns schließlich für immer vereinen
im Angesicht der Götter!

MONOLOG ÜBER DIE ANGST
(eine Geschichte)

„Komm! Vertrau mir!" sagt er
„Ich bin an deiner Seite!"

Mein Kopf schwirrt mir
Gedankentaumel
„Wie kann ich ihm trau'n?" frage ich mich

Ich fühle tiefe Freude
das Herz zerspringt fast vor Glück
„Unglaublich!" jubelt es in mir

Packe schon meine sieben Sachen
bereit, mich auf die große Reise zu begeben,
doch schon beim Packen
würgt mich diese Angst wieder,
schüttelt mich der Zweifel –
ich packe einfach weiter

trockene Kehle
Aufregung
Kribbeln im Bauch

Fühle mich wie eine Blinde,
die vertrauensvoll ihrem Blindenhund
durch die fremden Lande folgt
fremde Geräusche
fremde Gerüche
die Nerven wie Drahtseile gespannt
alles macht irgendwie Angst
verkrampfe mich
Und immer wieder diese Zweifel

„Nein!" schreit es laut in mir
„Stop! Halt ein!"
„Was nun, wenn ich falle?
Wie kann *ich* dem Leben vertrauen?"

Ich taste weiter
Gedankentaumelnd

„Immer, wenn SIE sagten,
'vertrau mir'
oder
'Ich liebe dich',
folgte ich ihnen bereitwillig,
doch SIE stahlen sich hämisch grinsend davon,
entschwanden ins Nichts –
wurden zu Illusionen."
Eine leise Stimme wispert in meinem Kopf.

Gespenster der Vergangenheit
Erinnerung –
Stürze ins Bodenlose

Oh nein! das Leben ist kein
sanftes Ruhekissen!
Irgendwann schlägst du auf,
und der Boden des Lebens
ist hart und kalt und steinig,
alle Knochen gebrochen,
Riesenwunden geschlagen.
Auch das Herz ist gebrochen,
mit jedem Sturz ein Stückchen mehr –

„Man gut, dass ich so ein starkes Herz hab!
Es schlägt immer noch in mir!"

Die Wunden geleckt
und Sisyphos gleich,
sich immer wieder die Anhöhe hoch gekämpft.
Und bei jedem Weg aufwärts,
ein paar Steine mehr
auf den inneren Schutzwall aufgelegt –
nur prophylaktisch
versteht sich,
und ohne jeden Mörtel.

„Kann ich ihm wirklich vertrauen?"

Gespannt tapse ich ungeschickt
dem Blindenhund hinterher,

taste die Mauern
der fremden Lande entlang,
bis ich schließlich
vorsichtig
ganz, ganz vorsichtig
die Augen öffne,
um zu erkennen,
dass ich längst sehend bin.

ALTE WUNDEN

einen großen Wall
hatte ich dereinst errichtet
bombenfest,
um die Wunden von damals
vor dem vermeintlichen Feind zu schützen

nur einen winzigen Spalt
ließ ich –
für alle Fälle

beständig den Wall erhöhend
bis er schließlich die Ausmaße
eines Turmes hatte

und einsam stand ich auf diesem Turm
blickte in die Welt
und konnte nichts erkennen
rief in die Welt
keiner wollte mich hören

und dennoch blieb ich droben
vermeintlich sicher
trotzte ich den Winden
und Wettern
und Stürmen
bis der Blitz einschlug
und mein Turm
und ich
fielen
tief

von meinem Turm
blieben nur der
Wall
und der
kleine Spalt
den ich längst vergessen

alles schmerzte mir
doch ich lebte,
zum ersten Mal
außerhalb
des Walls
trügerischer Sicherheiten

etwas panisch
bemerkte ich den Feind
den fremden Eindringling
der fröhlich auf
dem Wall,
meinem Wall,
entlang spazierte

Sound the Charge!

bereit mein Geheimstes
bis auf den Tod zu verteidigen
doch schon war er wieder entschwunden
der Feind,
wie ein Geist,
um erneut an einer
anderen Stelle zu erscheinen
mich dabei stets
liebevoll und ruhig
anlächelnd
offenbar
unangreifbar
unerreichbar

schon hörte ich das
scheinbare Bersten der Kruste
meiner Wunden
fühlte fast wie der uralte Eiter
längst vergangener Zeiten
aus der vermeintlich
neugerissenen Wunde rausquillt

bereit zu retten,
was zu retten ist,
sprang ich zum Schutze
meines Selbst
über den Wall

um dann zu sehen
dass dort, wo dereinst
eine bodenlos offene Wunde war
sich ein samtgrüner Grasteppich
ausgebreitet hatte
mit bunten Blumen,
sich jetzt
dankbar den Sonnenstrahlen
entgegenstreckend
bereit
für ein neues Leben
im Licht

DIE MAUER

weites Feld
karge Landschaft
doch auch zartes Grün
in der Ferne steht ein Turm

ich höre die Vögel
ihre fröhlichen Lieder singen
Regentropfen benetzen meine Haut
sanft

gehe langsam auf den Turm zu
der immer kleiner zu werden scheint
je mehr ich mich ihm nähere

die Sonne kommt wieder hervor
und über dem Turm
erstrahlt fast unwirklich
ein wunderschöner Regenbogen
in allen Farben
dieser und jener Welten schillernd
die Sonne blendet
ich muss meine Augen schützen

ich stehe jetzt vor einer Mauer
die vorher ein Turm zu sein schien
aus der Ferne

höre ein Lied pfeifen
Nein! nicht die Vögel
nehme einen Schatten wahr
Nein! keine Wolken

kneife beide Augen zusammen
sehe jetzt deutlich jemand
auf der Mauer sitzen
er lässt fröhlich seine Beine baumeln
und er fragt mich:
„Was meinste?
Fällt sie nun die Mauer oder nicht?"

DAS BLAU DER SEELE

Ich ging so dahin
in meinem Wald der
unsterblichen Vergänglichkeiten
auf dem Feld der
niemals wiederkehrenden Träume

da sah ich dich –
aufeinmal standst du vor mir
und lächeltest mich an
so sanfte Augen
so warm der Blick
so voll Liebe
so voll Hingabe
an dich und das Leben

deine Ledertasche um die Schulter gehängt
deinen Bogen in der Hand
die Pfeile sicher im Köcher
du sahst aus wie ein Jäger

wir ließen uns nieder
im Feld der
niemals wiederkehrenden Träume
und ohne ein Wort zu sagen
fragtest du mich
ob ich alle Geheimnisse der Welt
schon kenne

du wusstest die Antwort
bevor ich sie dir gab

dann öffnetest du die Tasche
und hervor kam
das Blau der Seele
seltsam phosphoreszierend
in unirdischen Farben
mich blendend
kleine eilige Blitze schossen hervor
in winzigen schnellen

Umdrehungen
um sich selbst
sich wieder
zu einem immer neuen Blau
vereinend

wie unsagbar dankbar war ich
für diese unendliche Sekunde
ewigen Glücks
dieses Blau der Seele
betrachten zu dürfen
bevor du es wieder mitnahmst
in dein Reich
der immer wiederkehrenden Ewigkeit
wohin du genauso geheimnisvoll entschwandst
wie du erschienen warst.

KINDERSEELE

Hast du sie je gesehen?
Bist du ihr je begegnet?
Hast du sie jemals erblickt?

Schau nur
schau tief
in diese Kinderaugen
und lass dich
von ihrem Blick forttragen

Erlaube dem
unaufhaltsamen Strom
ewigen Entdeckenwollens
nicht endender Neugier
lustbetonter Abenteuersuche
dich zu berühren

Erinnere dich
wie es einstmals war
als du durch die Welt gingst
offenen Auges
offenen Ohres
offenen Herzens
bereit sie gnadenlos
kompromisslos
zu erobern

Diese schiere Unendlichkeit des Seins
sie dir eigen zu machen
sie in deinen
inneren Besitz zu nehmen

Wie groß
erschienen dir
selbst die kleinsten Dinge
die dir heute
so winzig
so bedeutungslos
vorkommen

Eine Blume war
eine Blume
war eine blume
alles war
und ist
und wird immer
wichtig
sein

Vielleicht hörtest du
die Vögel singen?
Vielleicht hörtest du
die Bienen summen?
Vielleicht hörtest du
der Engel Choräle?
Vielleicht vernahmst du
sogar Gottes Stimme?

Bedenke
wie verletzbar
wie klein
wie zart
sie ist
die Kinderseele
und sie ist immer noch
tief in dir

Erwecke sie
wie damals
und sei das Kind
das die Welt
immer wieder neu entdeckt

Schaue mit aller Unschuld
das Unerwartete
und auch mit den Augen
des gereiften Menschen
der du heute bist

Und die Welt
wird dir zu Füßen liegen
dankbar
bereit von dir
endlich wieder

erobert

geatmet

geliebt

zu werden.

LOSLASSEN

Ich halte dich warm
und fest
in meinen zarten Händen
vorsichtig
angesichts deiner Zerbrechlichkeit
geliebteste aller Seelen

ich beschütze dich
vor den Gefahren dieser und jener Welten
wie einen Schatz
bewahre ich dich
an einem sicheren Ort

mir jederzeit bewusst,
dass dereinst deine Zeit
kommen wird
zu gehen
weiterzuziehen
losgelassen zu werden,
um in aller Freiheit
und Liebe,
wann immer du willst
wieder zu mir zurückzukehren,
wo ich dich dann halte
warm und fest
in meinen zarten Händen
vorsichtig
angesichts deiner Zerbrechlichkeit
und beschütze,
solange du es möchtest.

GEBEN UND NEHMEN

ich halte sie dir hin
die blütenblätter
zähl sie nur
zählst du eines
sind's fünf
zählst du fünf
sind's zehn

so wie das Glück
viel ist
ist die Liebe
alles.

Zähl sie nur
die blütenblätter
und lass den ewigen Kelch
sich formen
in deinen Händen
umstrahlt
vom milchigen Licht des Mondes
der alles zum Überfließen bringt

so dass deine blütenblätter
und meine blütenblätter
vereint dem Mondlicht
sich entgegenstrecken mögen
um gemeinsam
das milchige Licht
in sich aufzusaugen

bevor ein neuer Tag anbricht
und mit dem Licht der strahlenden Sonne
der zweisame blütenkelch sich
wieder schließt.

ICH GEB DICH FREI

Haben wir nicht alle
den gleichen ewigen Traum
von Liebe
und
von Freiheit?

Und dann
unerwartet
küsst sie uns
mit dem süßesten aller Küsse –

die Liebe

scheinbar unwirklich verloren
greifen wir
fast gierig
nach der zarten kleinen Hand,
die uns liebevoll
vom Schicksal
gereicht wird
bedecken diese Hand
zärtlichst
mit unseren irdischen Küssen
und setzen
eiligst
die Maske der Verliebtheit auf
mit ihrem dauerhaft bittersüßen Lächeln

schon kramen wir
heimlich
in unseren verborgenen Taschen
nach dem Brenneisen –
bereit der Liebe unseren Namen einzubrennen
nach den Handschellen –
bereit die Liebe an uns zu ketten
nach den Fußangeln –
bereit der Liebe die Flucht unmöglich zu machen,

um blitzschnell
sie gefangen zu nehmen
auf immer zu besitzen

mit der blöde grinsenden Maske
eines scheinbar aus Liebe
in Verzückung geratenen Menschen
auf dem Gesicht

ich schaudere
ob dieser Vorstellung
ja, lange war es auch die meine

bis du kamst
und mir,
ohne mich jemals zu fragen,
liebevoll alle Masken,
die ich trug,
immer wieder von
meinem Antlitz
entferntest

sorgfältig aufgereiht
liegen sie nun dort
auf der Fensterbank
vom Sonnenlicht beschienen

ich denk an dich
und ich weiß,
du hast mir wirklich
die Liebe gezeigt,
du hast mir
wahre Liebe gegeben

für einen Moment
wollte ich sie in Besitz nehmen,
wollte ich dich
an mich ketten auf ewig
doch nun weiß ich auch,
dass wahre Liebe
Freiheit ist

und so geb ich dich denn frei
dich,
den ich nie hab
gefangen nehmen können,
denn du kamst freiwillig zu mir

dich,
dem ich so sehr vertraue,
dass ich dir
mein Leben hingebe.

MANN MIT DER KLEINEN HAND

Mann mit der kleinen Hand
dies hier ist für dich

denn du bist mein Licht
meine Sonne
mein Mond
mein Lebensatem

nichts geht mehr
ohne dich

ich fließe mit dir
hinein
in die Ewigkeit

ich erlaube dir
mich wegzutragen
in die unendlichen Weiten
unseres Kosmos
unserer Liebe
auf deinen kleinen Händen

bei dir
fühle ich mich
geborgen
wie nie zuvor
ein nie gekannte Gefühl
des Vertrauens
nie enden wollender Hingabe

Mann mit der kleinen Hand
dies hier ist für dich
denn nun
bin ich dein
und du mein

für immer
und
ewiglich.

DU SAGST

Du sagst:
Ich bin nicht schön!

Ich frage:
was ist schon Schönheit?
für mich ist Schönheit
dein wundervolles Lachen
das Blitzen deiner Augen
das Schlagen deines Herzens
das Strahlen deiner Aura

Du sagst:
Ich habe keinen Megakörper!

Ich sage:
ich schließe meine Augen
und fühle es förmlich,
wie du vor mir stehst
mich in deine Arme nimmst
und mich dabei liebevoll anlächelst
und ich möchte nur noch eines:
mit dir verschmelzen

Du sagst:
Ich bin kein Superlover!

Ich sage dir:
schon wenn ich mir
deine Berührungen nur vorstelle,
entfacht sich ein inneres Inferno
und ich stehe in Flammen
und wenn du mich dann wirklich berührst,
ganz zärtlich,
und sanft mich küsst,
dann vergehe ich vor Leidenschaft
aber wenn du mich
mit deiner Leidenschaft berührst,
dann versinke ich
in die Endlosigkeit des Universums.

DIE STIMME

wie gern würde ich dir mut machen,
doch kann ich es nicht

wie gern würd ich dir sagen,
der weg, den du beschreitest
ist wirklich der wahre und richtige

wie gern wäre ich bei dir,
nicht nur in gedanken,
um dich zu trösten oder einfach nur da zu sein

nichts weiß ich,
nichts von alledem ist möglich,

ich kann dir nichts sagen,
keinen mut zusprechen,
nichts versprechen,
nicht mal für dich da sein
jetzt

wenn ich nicht genau wüsste,
dass ich dich liebe,
würd ich jetzt gehen
angesichts einer solch scheinbaren
ausweg- und sinnlosigkeit,
ohne jede offensichtliche
zukunft-s-perspektive

aber da ist tief in mir drinnen eine stimme,
die sagt, mach weiter,
vertraue einfach und mach weiter
und so vertraue ich einfach und mach weiter
mit dir
mit uns.

GANZ EINFACH DAS!

Als ein Engel die Götter traf

Als der Sonne die Mond küsste

Als die Pole sprangen

Und nichts mehr so war wie früher

Als die Sterne vom Himmel fielen

Als der Regenbogen die ganze Welt umspannte

Als alles eins war

Und eins war nichts

Als die Elche das Knutschen aufhörten

Als ein Pferd mich nicht mehr trat

Als mein Vogel nicht mehr piepen wollte

Sondern es nur noch von den Dächern pfiff

Da wusste alle Welt,
dass es keine Zufälle geben kann,

denn du und ich
wir hatten uns gefunden
dereinst

und nun
haben wir unsere Welt
einfach auf den Kopf gestellt
egal wie sehr sie sich auch wehrt
seitdem ist alles nur verkehrt

doch was wir ganz sicher wissen
wenn wir uns streicheln zärteln küssen

wir lieben uns

Ganz einfach das!

ICH SCHLIESSE MEINE AUGEN

Foto um Foto
schoss ich von dir
doch keines davon
werde ich mir je an die Wand pinnen

ich schließe meine Augen ...

Mit tiefer Freude
betrachte ich
deine leuchtenden Augen
deine wundervoll geschwungene Nase
deinen Mund,
der so zärtlich küssen kann

ich kann deine Küsse
fast auf meinen Lippen fühlen

Welch ein Glück
dich gefunden zu haben!

ich schließe meine Augen ...

All diese Fotos von dir
Blitzlichter verschiedenster Momente
glückliche und
traurige und
warme

kistenweise gesammelt
und tief in mir verborgen
sie beschützend und behütend
wie einen geheimnisvollen Schatz.

EIN AUGENBLICK DER EWIGKEIT

Ein Kuss von dir
und schon packt sie mich
hält mich fest in ihrem Griff
windet sich heiß
und wild
zwischen meinen Lenden
wühlt sich
animalisch
durch meinen Körper
der sich ekstatisch aufbäumt
sich dir entgegenwirft
und nur noch
leidenschaftlich
zu schreien vermag

und wie er schreit nach dir
Nimm mich!
Beiß mich!
Kratz mich!
Halt mich!

und du hältst mich
ganz fest
ganz sicher
in deinen mich umfangenden Armen
geborgen

ich falle
und
ich falle nicht
sondern sinke tief in dich ein
verschmolzen miteinander
nur einen Augenblick –
ein Augenblick der Ewigkeit
ewiger Hingabe
an dich
an das Leben.

VERLANGEN

deine hände berühren mich sanft
kreisen über meine brüste
fahren langsam meine hüften hinab
und finden ihren weg
zu meinem geheimnisvollen schatz
tief verborgen in meiner
dunklen warmen höhle
deine finger spielen mit mir
dringen tief in mich ein

schauer der lust
laufen mir den rücken hinunter
erwartungsvoll
streck ich mich dir entgegen
wölb ich mich auf
warte darauf
dass du mich nimmst
und
mich entführst in den
himmel wildester leidenschaften

mein atem geht schneller
die säfte fließen
und als ich meine augen öffne
bereit mich
dir mit all meinen sinnen
mit all meiner sehnsucht
mit all meinem verlangen
hinzugeben

erst da merke ich
dass alles nur ein traum ist
denn der platz neben mir ist leer

der atem stockt
das leidenschaftliche pulsieren
hat sich in nichts aufgelöst

ein wilder verzweifelter schrei
entrinnt meiner dörren kehle

die säfte steigen
in die augen
und tränen
ozeane von tränen fließen
ob des
ungestillten verlangens
der unbarmherzigen sehnsucht

nach dir.

Wo bist du?

Warmer Sommerregen fällt
verträumt in die Welt blickend
gerade noch gewahr werdend
wie die Tropfen von den Blättern perlen

der Himmel weint
für mich –
sagtest du nicht zum Abschied:
Weine nicht!?

Die Luft ist warm
die Erde dampft
als der Regen aufhört
und die Sonne
hinter den Wolken
vorsichtig
zum Vorschein kommt
und
ein Regenbogen
zärtlich
die Welt umarmt

Die Luft ist klar
gereinigt von allem Schmutz
vergangener Tage

die Stimmung ist leicht
und die
Pflanzen Blumen Bäume Sträucher
recken sich wohlig
dem wärmenden Sonnenlicht entgegen
satt und wohl genährt
denn ihr Durst
wurde soeben gelöscht
ihr Hunger gestillt
von des Himmels Tränen

Mögen seine Tränen
niemals versiegen!

Meine Tränen jedoch
bleiben ungeweint
denn:
würden sie auch fließen
blieben sie ungetrocknet
ihr ewiges Salz
würde nur meine zarte Haut verletzen
kein Hunger wäre gestillt
kein Durst gelöscht
und
der Platz an meiner Seite
bliebe trotzdem leer

So verharre ich
am Fenster
und schaue die Natur
lausche den Weltenliedern
und warte
still
die immer gleiche Frage flüsternd:

Wo bist du?

SEHNSÜCHTIG

Ich lausche der Musik
gedankenverloren
von den Tönen fortgetragen

die Tränen fließen
doch nicht aus Traurigkeit
nicht aus Schmerz
über einen vermeintlichen Verlust

es ist eher ein inneres Wehklagen
ein inneres Arme ausbreiten,
hoffnungsfroh den Geliebten erwartend,
der irgendwann,
irgendwo sich wieder mit mir
vereinen wird

es sind meine Arme,
die dich umschließen möchten
und nicht können –
hörst du sie rufen?

es sind meine Brüste,
mein Herz,
die deinen Kopf auf sich fühlen wollen,
damit du weich gebettet
meinem Herzschlag lauschen kannst –
spürst du ihre Sehnsucht?

es ist meine Leidenschaft,
die zwischen meinen Lenden wohnt,
die sehnsuchtsvoll wartet
auf dich,
dass du sie endlich wieder nimmst,
um mit ihr zu spielen –
fühlst du ihr Verlangen?

die Tränen fließen
doch nicht aus Traurigkeit
nicht aus Schmerz,

sondern einzig aus dem
ungestillten Verlangen nach dir

sie fließen leise
doch ich bin sicher,
dass du mein stummfließendes Rufen
deutlich vernimmst.

SCHREI IN DER DUNKELHEIT

hier bin ich

und starre
auf die Stelle
wo du gelegen hast
wo du geatmet hast

leer

kein atmen mehr
neben mir
niemand mehr
zum anfassen
keine wärme mehr

fort
einfach weg
nicht mehr hier
bei mir

solange das licht ist,
ist was zu tun.
doch geht die sonne unter,
find ich keine ruh.
irre willenlos umher
bis ich nicht mehr kann
und dann ...

ich starre nur
immerzu
auf diese Stelle
neben mir
wo du gelegen hast
wo du geatmet hast
kein atmen mehr

jetzt
niemand mehr
zum anfassen

jetzt
keine wärme mehr

jetzt
wie ein Schrei in der Dunkelheit
schreit mir diese Stelle
entgegen:

l e e r !

DER SONNE, DIE MOND, DAS LIEBE

Heiß brennt's vom Himmel,
manchmal gnadenlos
manchmal lebensspendend
streckt er seine langen Finger aus
die Erde zu berühren
mal wärmend
mal erbarmungslos alles entzündend
mit seiner männlichen Energie
seinem stattlichen Vernichtungspotential

die Erde
in Aufruhr versetzend
Unruhe stiftend
dann wieder lähmend
angesichts der flirrenden Hitze

und doch:
ohne ihn wären da
keine Blumen
keine Bäume
kein Leben

Sonne, du ewiges Licht
göttliche Kraft unseres
kleinen irdischen Universums
du Zeichen ewiger Liebe,
um die sich alles dreht

Des Nachts
scheinst du vom Himmel
Reflexion des Sonnenlichtes
die Wasser schürend
ziehst du sie
schiebst du sie
die Wogen der Meere
dein Licht ist kalt

und doch:
es macht die Menschen
in zärtliche, warme Träume sinken
die Wölfe
dir ihre Lieder entgegen heulen

geheimnisvoll erscheinst du
am Firmament
verströmst einfach dein
weiches Licht
wie Muttermilch
Mond, du zartes Licht
der Nacht
Kraft der Mutter aller Mütter
Herrin der irdischen Gewässer
du Zeichen romantischer Sinnlichkeit
erotischer Liebe

Liebe –
wo erscheinst du?
Gibt es keinen Planeten für dich?

Du bist wie der Sonne,
ewiges Licht,
das unser Leben erleuchtet
uns in wildester Leidenschaft
entbrennen lässt
das uns verbrennen kann
innerlich
das uns Leben schenkt
und

du bist auch wie die Mond
geheimnisvoll
stets sich wandelnd
mal sichtbar
mal unsichtbar
doch stets vorhanden
die inneren Säfte aufwühlend

mal vorwärts schiebend
mal an dich ziehend,
wieviel Liebeslieder wurden
dir wohl schon entgegen geheult?

Liebe,
du bist ewig
ein Licht,
das des Tags
und des Nachts
am ewigen Himmelszelt erstrahlt
das unser Leben lebenswert macht
das unserem Leben Sinn gibt
wonach wir uns alle
im tiefsten Innern sehnen.

LIEBE

Ein Hauch von Glück
weht wie
ein sanfter Wind
über die Felder
macht dich den
Frühling atmen
lässt das Vogelzwitschern
glockenhell erklingen

du fühlst dich groß
und sicher
ganz du selbst

der Blick ist klar
du lässt ihn
über die Felder schweifen
nimmst jedes
noch so winzige Detail
tief in dich auf

den kleinen Schmetterling,
der die bunten Blumen aufsucht
den Igel,
der durchs Gras wuselt
die Schlange,
die durchs Unterholz kriecht

du BIST
der Schmetterling in den Blumen
du BIST
der Igel im Gras
du BIST
die Schlange im Unterholz
du BIST
du

Schließe deine Augen
und sei eins mit dir,
denn bist du

eins mit dir,
so bist du auch
eins mit mir
in ewiger Liebe
miteinander
mit allen
mit allem
verbunden

FASSUNGSLOS

Wie kann das nur sein?
Wie nur konnte es geschehen?

Fassungslos
und ohne Antwort auf diese Frage
verbleibend ...

Wo sind sie nur hin?
Wohin sind die wundervoll
schwebenden Worte,
die den Raum wie Klänge erfüllen?

Fassungslos
ob dessen, was geschah. ...

Kann ein Gefühl so stark sein?
so übermächtig?
Kann ein Gefühl
ALLES so vereinnahmen,
dass kein Denken mehr
möglich ist?

Fassungslos
wieder in die Glückseligkeit
einsinkend,
die offenbar keiner
weiteren klangvollen Worte
bedarf.

RUHE

die dinge geschehen
einfach so
so oder so

ich kann auf sie eingehen ...
eintauchen
oder nur an der oberfläche ...
schnorcheln

es liegt bei mir
ich entscheide –

immer
will ich total?
ein wenig?
will ich mich aufregen?
will ich traurig sein?
will ich glücklich sein?
will ich ich sein?
will ich?

die dinge geschehen
einfach so
so oder so

ich nehme sie wahr
in einer nie gekannten
ruhe

wie ein fluss
unaufhörlich
seinen weg zum meer sich bahnt
wie die wolken
unaufhörlich
vorbeiziehen, sich immer wieder verändernd

ich bin
ich bin ein fels
in der meeresbrandung

kein sturm
trägt mich fort
nur die äonen
vermögen meine gestalt zu verändern

die dinge geschehen
einfach so
so oder so

ich nehme sie wahr
in einer nie gekannten
ruhe

JENSEITS DER OBERFLÄCHLICHKEIT

tagaus
tagein
des Alltags Mühsal
so bedeutungsschwanger
so verzehrend,
dass einem scheinbar
der Atem genommen wird

Doch welch
klägliche Nichtigkeiten
krönen wir zu KönigInnen
unserer winzigen Universen?

Durch welche Erbärmlichkeiten
lassen wir uns knechten?
Das Leben zur Hölle machen?
Lassen wir uns erniedrigen?
In den Schmutz ziehen?

Wer sagt denn wirklich,
wie wir das Leben zu leben haben?

Die Gesellschaft?
Die Gesellschaft bin ich
oder wenigstens ein Teil davon

Die da oben?
Wer sind denn 'die da oben'?
War nicht ich diejenige,
die sie dorthin mit-bestimmt hat?

Das Schicksal?
Wer oder was ist 'Schicksal'?
Bin ich wirklich so ohnmächtig,
dass ich mein Schicksal
nicht beeinflussen kann?
Einfach nur eine Marionette des Seins?
Ein Spielball der Götter vielleicht?

Der Zufall?
Was fällt mir denn zu?
Und wenn es zu mir fällt,
muss ich es dann wirklich annehmen?

Nein,
es ist *etwas* in mir,
das mir sagt:
„tu dies, tu das"
es ist *etwas* in mir,
das mir sagt:
„hab Angst, also atme lieber nicht"
es ist *etwas* in mir,
das mir sagt:
„lieber stirb, als zu leben"
es ist *etwas* in mir,
das mir sagt:
„lieber leide, als Spaß zu haben"

Ja,
wenn das so ist,
dann verbiete ich
dieser Stimme in mir
einfach den Mund

und atme
wieder
und lebe
wieder
und liebe
wieder
trinke die Intensität des Seins
wieder

und bin einfach

Ich

wieder.

EINFACHHEIT

der Tag beginnt
um fünf Uhr morgens
im Winter
noch finstere Nacht
im Frühling
dämmert es vielleicht gerade
im Sommer
sind die Vögel schon erwacht
und schreien laut
ihre Lebenslieder in die Welt
im Herbst
stürmt es zuweilen
und die Vögel
ziehen gerade fort

der Wasserhahn in der Küche
er tropft
noch schlaftrunken
schaue ich dem Tropfen zu
wie er sich mühselig
aus dem Hahn herausquält
Millimeter um Millimeter
sich regelrecht aus dem Rohr quetscht
um schließlich
mit einem lauten Pling!
sich auf den Boden
des Waschbeckens aufprallen zu lassen

Moah! Watten Krach am frühen Morgen!
denke ich
und wende meine Aufmerksamkeit
nunmehr der Kaffeemaschine zu

dieses wunderbare edle schwarze Gebräu
fein pulverisiert
aromatisch duftend
mit viel heißem Wasser zugemischt
soll meine Lebensgeister wecken

ich rieche den Kaffee schon
bevor die Dose geöffnet ist
drehe den Wasserhahn,
metallig glänzend im Neonlicht,
weit auf,
um mir etwas vom Quell des Lebens
abzuschöpfen,
aus dem das köstliche Schwarz
mit hochanregender Wirkung
gewonnen werden soll

ein Blick aus dem Fenster verrät
was mir dieser Tag bringen wird
mal ist es ein trüber Tag
mal steht der Mond noch
am sternenklaren Himmel
manchmal wabern Nebelschwaden
vor meinem Fenster
mal toben mehr oder minder
heftige Stürme

ich merke,
kein Tag beginnt gleich,
obwohl ich jeden Morgen
dieselben Rituale praktiziere
doch jeden Tag
nehme ich andere Dinge wahr,
die in ihrer
umwerfenden Einfachheit
so berauschend sein können
wie lauter kleine Wunder.

TRÄNEN DES OZEANS

ich schaue
und der baum bleibt stehen

ich sitze
und der baum bleibt stehen

ich höre
und der baum bleibt stehen

er trägt mein gewicht
wo keines ist
wenn ich mich anlehne
und mich sanft dem leben
entgegenstrecke

und die tränen des ozeans

sie werden von den wellen
ans ufer getragen
umspielen meine füße

und alles ist

was es ist

und doch ist es nicht